Kootut teokset – Osa 1 (2014-2017)

Jere Sumell

Kustantaja: BoD – Books on Demand, Helsinki, Suomi
Valmistaja: BoD – Books on Demand, Norderstedt, Saksa
ISBN: 978-952-339-984-6

Hyvä ihminen ja lukijani: Pitelet käsissäsi teosta joka ei ole syntynyt hetkessä, eikä kahdessa. Minulta on kysytty painettua teosta aika ajoin, ja lopulta tässä se nyt viimein on löydettyäni sille todennäköisesti kustantajan. Todellisuudessa tämä on omakustanne, mutta kustanne sekin on. Ainakin kustannuksia tämän kirjan osalta on ollut niin mahdottomasti, että niitä on mahdotonta laskea. Enkä halua laskea, koska en ole kovinkaan pätevä matematiikassa.

Tämän käsissäsi pitelemän teoksen idea on tarjota lukijalle joitain tekstejäni, joita on syntynyt vuosien varrella pöytälaatikkooni, sekä avata vähän tarinaa tekstien takaa. Oikeastaan ajanjakso, jota pidän luovimpana aikana elämästäni toistaiseksi tätä kirjoittaessani tammikuisena aamuyön tunteina, on koottuna tähän teokseen. Se aikakausi on 2013-2017, eli neljän viiden vuoden ponnistelun tulos purkautuu nyt lukijalle sellaisena, kuin se on kunakin ajanjaksona mennyt kaikkine sairastumisineni, työelämästä syrjäytymiseni, viski-, sekä — oluthuuruisine pikkuyön tunteineen. Kuluneiden savukkeiden sekä sikarien määrää on turha edes laskea.

Pyrin sisällyttämään tähän teokseen
kronologisessa järjestyksessä tekstejäni, mutta
mitään jatkumoa tai yhteistä juonta en ainakaan
itse osaa kuvailla kirjoituksilleni. Kaikki tekstini
mielestään toimivat itsenäisinä
kokonaisuuksinaan.

Turussa,

26.1.2017 Jere Sumell

Tilaan viskin jäillä. Olen yksin, ehkä jäänkin.
Tiskille saapuu ikäiseni nainen. Kysyn häneltä
kuulumisia. Hän vastaa neutraalisti. Hän on
brunette. Jatkan jutun tekoa. Käy ilmi, että hän
erottuu edukseen. Tarjoan hänelle juotavaa.
Hän haluaa juoda drinkin tai ottaa paukun.
Tilaan meille 4 senttilitraa vodkaa Spritellä ja
kohotan grogilasin tyylillä alkaneelle
yhteiselle illalle. Nainen lähtee leikkiin
mukaan.

Nainen esittäytyy Marjoksi. Kerron olevani
Jere ja pitäväni marjoista. Kysyn myös
naiselta, pitääkö tämäkin marjoista. Marjo
nauraa antamatta vastausta. Kerron etsiväni
tyttöystävää. Marjo kertoo juuri menneensä
kihloihin. Yhteinen iltamme taisi tyssätä siihen
virkkeeseen? Lienee turha jatkaa keskustelua?
Marjostakaan en löydä edes keskusteluseuraa,
tyttöystävää, tai edes yhdeksi illaksi
lohduttajaa, joka tulisi luokseni yökylään
nukkumaan viereeni.

Marjo juo vodkan ja kiittää. Hän lähtee
tiskiltä, johon minä jään vielä notkumaan ja

jatkan aloittamani viskin siemailua alkaen
odottaa uutta pokaa.

Aloitettuani IT-tradenomi –tutkinnon
suorittamisen tammikuussa 2014 tein
avausvuotenani yli 100 opintopistettä.
Kesäkurssina 2014 vuonna suoritin luovan
kirjoittamisen kurssin, jonka satoa tämä teksti on.
Sain kurssilta ja kurssitovereiltani positiivista
palautetta. Tässä tekstissä oli tehtävänantona
tarjota tekstiä, joka on jonkinlainen verbiharjoitus.
Tarkoituksena oli luoda tilannekuvaus käyttämättä
adjektiiveja. Lisäksi verbien lisäksi piti käyttää
substantiiveja. Onnistuin mielestäni tekstissäni
kohtalaisen kivasti.

Ala se on kiinteistö -alakin. Maakravut istui
Satamassa. Osan kanta –asiakkaiden
suuruudenhulluus oli ajanut puheisiin
kansainvälisistä transaktioista ja suurten
kauppojen tekemisistä, vaikka nämä olivat jo
aikoja sitten osa ehkä haluamattaankin
ajautuneet tilanteeseen, jossa taloushuolet oli
alkaneet painaa perintätoimistolle ulkoistuksen
jäljiltä.

Olen kuullut puhuttavan, että jopa metsiä ja
maatiloja on juotu, joten miksei niinkin päin
kaupat voisi toimia, että juodessa niitä voisi
haltuunottaakin ainakin puheen tasolla.
Kännissähän kaikki on kuninkaita ja
maanomistajia.

Lopulta maailman ajauduttua siihen
pisteeseen, jossa ihminen juo olutta ja viinaa
ainoastaan krapulaa välttääkseen, alkaa tekstin
suuruudenhulluus kasvamaan ja
todellisuudentajukin sumentumaan. Enää ei
ole paluuta entiseen, vaikka itsestä tuntuisi,
että tilanne on hallinnassa, eikä puheissa ole
mitään tavanomaista omaperäisempää.
Ulkopuolinen sen kuulee, olen kuullut

sanottavan ja jopa minulle on sanottu niin.

Manhattan on arvoaluetta, arvokiinteistöjä ja luksuslukaaleja sijaitseva alue Yhdysvalloissa. Paikalliskuppilan jenkkitähtenä voisikin syöstä itse pedon kimppuun ymmärtäen tiedustelupalvelun merkityksen Amerikkaan matkustaessa: Sinne lähdetään liituraitana ja rahamiehenä, jos lähdetään ja se otetaan - New York ja Los Angeles otetaan vastaan ainoastaan yhdellä tavalla, jos otetaan ja jos lähdetään Euroopan ollen enää riittävä: Se tapa on tyylikäs.

Ensin kuitenkin olisi hoidettava asianmukainen koulutus kuntoon ennen haltuunottoa. Se minut kai erottaa muista: Osaan pitää jalat maassa, jahka valmistun, vaikka välillä puhun suuria, vaikka välillä alahuulta purien ja rapsuttaen osoittaen olevani osa Amerikkaa ihan konkreettisesti vielä jonain päivänä. Nähtäväksihän se jää. Se on nähtävyys.

"Manhattan Takeover" –taustoja
Kuunneltuani jo edesmenneen Leonard Cohenin kappaletta "First we take Manhattan", sain idean Manhattanin haltuunotosta tekstin tasolla. Ja

jenkkeihinhän lähdetään lakimiesten kanssa
tekemään bisnestä, jos kenenkään kanssa.
Erityisesti Trumpin aikakausi pelottaa minua.

Tahtoisin vain nukkua yön yli, enkä pidättää
koko yötä hengitystä, tai vielä vähemmän:
Kuolla hotellihuoneeseen. Tänä yönä
hotellihuone kuitenkin muuttui
ruumishuoneeksi, joka aamun tullen hävitti
valot sisältäni lopettaen näyttämästä minulle
sisuskalujani. Olihan tämäkin kokemus, ja
pakko tämäkin kortti oli katsoa. Aamun tullen
olin kasvanut vahvemmaksi, ja saatoin aistia,
vastaanottaa ja lähettää muiden kuolleiden
kanssa viestejä, jotka vain me kuulemme. Olin
tullut otetuksi sisään, niin sanotusti.

Miksi hengittää, kun sitä voi pidättää sen
eteen, että varjo ei heiluisi niin paljon? Pelkkä
pidätys ei poissulje sitä kokemusta ja sitä
henkeä salpaavaa kokemusta, joka monen
valokerroksen läpi omasta ruumiista voi
avautua. Jos se on se monen Intiastakin
löytämä sisäinen valaistuminen? Itse en
tarvinnut Intiaa tähän kokemukseen, vaan
Eurooppa oli riittävän lähellä.

"Vaeltavien varjojen tanssi" –taustoja
Kirjoitin tämän tekstin luovan kirjoittamisen
esittelytekstinäni. Ruumisvalohan lopulta tekee
ihmisestä taiteilijan.

Osa 1 - Savurenkaita

Röyhyttelisinkö Cohibaa? Vai tyytyisinkö sittenkin tavalliseen savukkeeseen? Entä jos päätyisinkin johonkin niiden väliltä, ja valitsisin marketin minisikarin arkiratokseni? Päädyn kuitenkin lopulta syöpäpotilaana kuolinvuoteelle, enkä sittenkään kadu yhtä ainutta menneen elämäni aikana sytyttämääni savuketta, sikaria, tai käärittyä sätkää. Elän nyt ja tässä, olen keski R11;iässä vasta, kuolen sitten joskus, mutta se on vasta sitten paljon myöhemmin. Mutta sen tajuan, että kuolen varmasti. Tupakka tappaa.

Osa 2 - Kulaus elämän vettä

Viskilasillinen päivän päätteeksikö? Nauttisinko sen ravintolassa vai kotona baarikaapin uumenista kaivamastani halvasta blended R11;pullosta? Skotlantilaista sen olla pitää. Opiskelijalla ei ole varaa single malt R11;juomiin, vaikka kuinka opiskelisi talouden ammattilaiseksi, tai edes maisteriksi. Toivottavasti ajat muuttuvat näiltä osin suotuisimmiksi jatkossa valmistuttuani.

Päädyn kuitenkin kuolinvuoteelle
maksasairauteni tähden, ja siitä huolimatta en
osaa katua yhtä ainutta kurkusta kaatamaani
iloliemi R11;pisaraa.

Ilo ilman viinaa on teeskentelyä. Selvin päin
useimmiten masentaa. Haikea olo tulee siitä,
kun joutuu toteamaan, että rahat ei riitä edes
yhteen olueeseen. Elänhän vain kerran, ja jos
en nauttisi elämän vettä aika ajoin, en kykenisi
toimimaan normaalisti ihmisten parissa. Enkä
kehittyisi elämänfilosofiani, tai kirjoitusteni
kanssa lainkaan. Viski avartaa, kun lakkaa
välittämästä liikoja, osaa heittää nurinniskoin
maailman, aloittaa pohdinta tyhjästä:
Parhaimmillaan se on maailman luomista
tyhjästä, vaikkakaan joka kerta ei kannata
lähteä alusta liikkeelle. Elämä on progressio,
konstruktio, ja jokainen ihminen valitsee oman
lähestymistavan maailman pelastamiseen.

Voisin melkein perustaa lääketukun. Dosettini
joka lokero on päivittäin ja viikko toisen
perään yhtä varattuna, kuin kaikki naiset
tavallisesti, kun yritän heitä lähestyä
lähemmän tuttavuuden toivossa.

Lääkäri on määrännyt minulle huonot
lääkkeet. Niitä joutuu syömään paljon, eikä ne
tehoa mitään. Tai sitten en vain huomaa,
kuinka pääni on pöhnässä aamusta iltaan.
Juttuni kantakapakassa tai paskan jauhanta
yleisesti koulukavereideni keskuudessa voi
herättää kanssa R11;ihmisissä hilpeyttä. Jatkan
silti lääkkeiden syöntiä, sillä minun pitää
syödä niitä. Niin on vain lääkäri kertonut. En
voisi elää ilman lääkkeitä.

Osa 4 - Maksulliset

Naisiakin on mahdollisuus saada, mutta
rahalla, olen todennut. Kuka kiinnostuisi
tyhjätaskusta, joka ei vielä keski-ikään
mennessä ole saanut edes kandidaatin
tutkintoa päätökseen? Tuskin kukaan uskoisi
sitä totuutta, että jouduin aloittamaan kolme
kertaa alusta korkeakoulu R11;opinnot, ja
lopulta painan sataa opintopistettä vuodessa
valmistumiseni ollen edellä aikaa. Totta, kun
valmistun, en kai lopulta ole edellä aikaa,
mutta jokainen kulkee oman tien.

Pöydässä jakaja jakaa kortit, ja itse saa pelata pelin. Jaon joko voittaa bluffaamalla, tai hyvillä korteilla, mutta pelissä päätökset on omissa käsissä.

Tuohen repiminen Las Vegasin kahvoista Nevadan synninpesässä isojen poikien rahanpesu- komplekseissa ilman eksymistä tai katoamistakin on mahdollista, mikäli ymmärtää pelin hengen. Lopulta elämässä häviää, vaikka matkan varrella on voiton hetkiäkin. Niin se vain menee.

"Unelma elämästä"-taustoja

Kukapa ei unelmoisi boheemista elämästä: Viinaa, naisia, uhkapeliä ja niin poispäin. Tämä lienee erään elämänvaiheeni huuruisina aamuyön tunteina kirjoittamaani kuvausta sen kaltaisesta elämäntyylistä. Sex, Drugs & Rock'n roll.

Näin helmikuussa voisi todeta, että karsinnat lähenee. Jos kesäkuusta selvittäisiin, syyskuussa voisi vielä olla kesää ja jännitystä jäljellä isoja kisoja ja viheriöitä ajatellen. Olisipa edessä valon kesä ja neitilintu Fortuna lennättäisi Huuhkajat lailla hennon suvituulen Ranskaan vuonna 2016. Kerta se olisi ensimmäinenkin.

Käräjillä ja kentillä tuomari on ykkönen. Jalkapallotuomariksi pääsee käymällä parin tunnin kurssin, kun taas käräjäoikeuden tuomariksi ehkä mahdollisesti istumalla kursseilla noin viisi vuotta. Valiojoukkoon lukeutuminen käy jalkapalloviheriöillä, kuten oikeustuvassakin harvojen tie, virallisessa keräilysarjassa kun on vain yksi kuningaskortti ja ottajia sille riittäisi.
Niin, todellakin: Keräilysarja. Kuuden kortin nipuista, todellisesta six –packista puuttuu tuomari –kategoria tyystin. Ehkä se on huomioitu kolmanteen painokseen? Eikö olisikin siis aika hankkia kolmostuomarin paperit ja ottaa lisää mallasta yön hetkeen, jotta Internet –sisältö maistuisi paremmalta ja saisi uutta jutun juurta? Kyllä Huuhkajista ja

Europeleistä matkalla Ranskan 2016 kesään
riittää varmasti jutun juurta vielä useaan
hilpeään hetkeen Toivon ainakin niin.

Tuomari ei ole ainoa toimija kentällä. Pitää
huomioida myös muut. Todelliset uutisten
luojat ja sensaatiohaut löytyvät itsessään
pelaajista, jotka tuppaavat sporttidataa putkeen
aina kentällä toimiessaan ja luodessaan
pelitilanteita.

Jalkapallo -ottelu on aina megalomaaninen
media –tapahtuma, jonka kulisseissa kuohuu.
Myös oikeustupien tuomareista osa pääsee
median pelinappulaksi, mitä nyt mieleeni
muistuu mieleenpainuvimmista televisio –
oikeudenkäynneistä eräs murha –
oikeudenkäynti Yhdysvalloista, jossa syytetty
lopulta todettiin syyttömäksi. Se on jäänyt
lapsuudestani mieleenpainuvimpina televisio –
hetkistä mieleeni uutiskuvista. Teini –iässä
saman teki Napsterin perustaja, jonka
maailman suurin metalliyhtye vei oikeuteen.
No se siitä suuresta maailmasta, jos päätyisin
Suomeen?

Aurinko otti suoraan okulaariin. Pouta porotti
ikkunasta oikeussaliin siten, että tuomari –

aition ja syytetyn asianajajan, ja tämän
päämiehen välille oli syntynyt siniharmaata
ilman sameutta pölyhiukkasten ansiosta.
Tässäkin oli kyse murha –oikeudenkäynnistä.
Niin, mitä puhuinkaan mieleenpainuvimmista
mediaspektaakkeleista ja niistä televisio –
oikeudenkäynneistä? Ja en tehnyt muuta, kuin
siirryin kotimaahan. Näitä tapauksia ei edes
kolmostuomari kykene ratkomaan, on käytävä
valiotuomarin kurssi. Valiotuomariksi voi
päätyä oikeustuvissa käymällä niitä kursseja
vähintään kymmenen vuotta ennen tulikoetta.
Sama pätee jalkapallo –otteluun: Parin tunnin
kurssin jälkeen saavutettu kolmostuomarin
titteli ei edellytä edes unelmoimaan vielä
Euroopan mestaruuskisojen loppuottelun
viheltämiseen. Ehkä jalkapallotuomarinkin on
käytävä niitä kursseja vähintään se viisi vuotta
ennen tulikoetta?

Elämään ja asianajoonhan meidät lopulta
luotiin? Vai onko sittenkin se jalkapallo se
suurempi elämän tarkoitus tai päämäärä?

Huuhkajille kävi miten kävi karsinnoissa,
mutta eräänä iltana surffailin netissä, ja

päädyin palloliiton sivuille lukemaan
tuomarikoulutuksesta. Jalkapallotuomariksihan
pääsee istumalla muutaman tunnin luennoilla,
kun taas oikeussaliin vaaditaan vuosien
koulutus.

Arizonan aavikon lentävät siat
Osa 1 - Johdanto

Miksi pelkäisin salaisesta maanalaisesta
pakoon päässeitä tai laskettuja? Kaikki ei
sittenkään pääty ehkä hyvin. Etiikkaa ja
moraalia tuntemattomat tiedemiehet sallivat
tämän tapahtuneen. Aavikon ihmissiat kirmaa
pölypilvien karaistaessa matkamiehen silmää,
vaikka tämä ei olisi edes hippi. Ja kaikki tämä
voi tapahtua kirkkaan aurinkoisen päivän
aikaan. Oikeastaan uhka on läsnä kaikkialla ja
alati.

Siivet ei ole ainoat, mikä kantaa ne kaikkialle.
Ne osaavat rynnätä voimalla myös ovien ja
seinien läpi. En haluaisi enää kokea
sikahallusinaatiota toistamiseen. Ehkä parempi
on vältellä loputtomia hiekkadyynejä ja

karkeaa maastoa sisältäviä osavaltioita, niin pitkään kun saa pelkästä ajatuksesta kylmiä väristyksiä. Pitäisi varmaan vaihtaa lääkitystä.

Haltuun maa, siis Amerikkaan, Arizoonaan.
Jänistän sähköä, pelkään sikoja.
Ne osaavat lentää, liitää maan ääriin kauas.
Arizonan aavikolla, sika lentää, moraalista
viis,
Amerikkaan hipit älkööt matkustako siis.
Aavikolla hiekkadyynit kauas entää,
salaisen labran suloiset siat vieläkin lentää.
En tahdo hallusinaatiota kokea,
mutta haluaisin silti katsoa, nähdä, enkä olla
sokea.
Arizonan aavikolla, sika lentää, moraalista
viis,
Amerikkaan hipit älkööt matkustako siis.

Koin sikahallusinaation. Johdanto-osio on jonkinlaista jatkumoa sille. Aiemmin koin, että bioteknologian kehityksen myötä edessä olisi hurja tulevaisuus, mutta nyt lähes valmiina IT-

ammattilaisena koen, että myös esineiden
Internet tarjoaa hurjaa tulevaisuutta eteemme.
Tämän kappaleen on myös säveltänyt,
soittanut ja tuottanut musiikki-
yhteistyökumppanini Pasi Kostiainen, ja
kappale julkaistiin Teosto-vapaana julkaisuna
Internetin Mikseri.net –palvelussa 26.03.2015

Yhtään en löydä ja toista en tee. Olkoon sitten
niin maailmani täydellinen. Asiat voisi olla
tosin toisin. Juosten kun kusen tekstiä, niin
susi voisi järjestyä, mutta vielä akka?
Jostainhan sekin olisi järjestettävä soppaa
hämmentämään ja kotiaskareita hoitamaan
siinä odotellessa, kun minä keittoa keittelen ja
askareita itse joudun puuhaamaan.

Taksi -isäntä otti oksan, kun renki ajoi keikan.
Isännän investointi renkiin, kunnes tämä oli
täynnä, suivaannutti lopulta yltiöpäissään
olevan rengin jouset ulos uomistaan ja kolikot
lattialle. Ei ennättänyt isäntä pankkiin.

Renki sanoi työsuhteen irti. Isäntä kun ei ollut
vaivainen, hän ei valittanut, vaan investoi
uuteen renkiin. Tällä kertaa kuitenkin renki oli
isäntäänsä viisaampi, ja toimi itse oksan
taittajana, kun isäntä painoi pitkää päivää ratin

takana.

R21;Ei elätä renkiR21;, isäntä totesi lopulta
toimineen väärin, kun alun perin oksan otti,
kun alainen kuusen kaatoi, niin sanotusti kuten
on tapana meillä Suomessa.

"Rengit, isäntä suttaa ja akkoja" –taustaa.
Etsisin hakukoneella rahankäsittelylaitteistoja, ja
päädyin lukemaan vanhoja Kalevala-mittaisia
sananlaskuja, jotka on jäänyt kieleen. Kahdesta
sain inspiraation kirjoittaa.

Mä en ravistele olkapäitä,
olen Ihmisessä kiinni.
Runoilija tahtoo,
mitä koska mitä ikinä tekeekään.

Mä tahdon sua,
olisit mun edes kerran.
Asun Runokses, tää paikka on mulle kuin
tehty. (Runos on mun koti…)

Välitä musta,
mä tahdon sua,
et oo koskaan samanlainen,
oot aina niin eri mitä ikinä teet.

Mä tahdon sua,
kunpa sinut löytäisin,
oot aina niin erilainen.

"Ote meistä" –taustoja
Fiilisteltyäni Youtubesta Dave Lindholim
"Kosketuksessa" –ohjelmassa esittämää "Pieni ja
hento ote" –kappaletta tämä hahmottui päässäni.
Sain tekstin paperille. "Runos" –viittaa
turkulaiseen lähiöön, jossa asun tätä teostanikin
kooten, eli Turun Runosmäkeen.

Taas tapasin hänet, kun painoin playta. Aito
rakkaus minulle, vaikka esiintyykin vain
videolla. Itseäni ei haittaa se, vaikka hänet
monet näkee, mutta koen suhteemme
läheisenä. Onhan hän luomu ja tykkää
pukeutua minua miellyttävällä tavalla.
Luontainen kauneus kai hänet johdatteli
mallina video –alalle.

Kenenkään lienee turha kertoa, millä
näppäimillä me taas tavataan, tunnen
toistopainikkeen kaukosäätimestäni, enkä
kelaa eteen, enkä taakse. Mielummin hidastan
hänen liikkeet vastaamaan minun mielihalujani
tai panen paussille.

Vaikka vanhenen, rakkauteni pysyy nuorena,
kuten mieleni aina. Hän jää myös nuorena
elämään minun poistuttuani maan päältä
elävien kirjoista. Totta puhuen, en tiedä, josko
hänkin olisi jo kuolleiden kirjoissa tavalla tai
toisella? Tuskin, vaikka rakkauden kerrotaan
kuihtuvan, tämä videopimu –rakkaus lienee
ikuista?

Kenelläpä meistä ei olisi kaukoihastuksia…
ainahan niitä voi katsella, ennen kuin jokin
myyntimies keksii kosketeltavan 3d-television
ja vielä hajujen kanssa…

”Videopimu-rakkautta” –taustaa

Kenelläpä meistä ei olisi kaukoihastuksia…
ainahan niitä voi katsella, ennen kuin jokin
myyntimies keksii kosketeltavan 3d-television
ja vielä hajujen kanssa…

Otan rennon asennon, käyn vuoteelle ja suljen silmäni ja poissuljen kaikki ajatukset ympäriltäni. Pyrin silmät kiinni katsomaan pimeyttä, mikä täyttää näkökenttäni minun ajattelematta mitään. Olen juuri saavuttamassa unitilan, jolloin minusta tuntuu siltä kuin tippuisin sängystä. Havahdun, enkä taas saa toviin unen päästä kiinni.

Pian alan vajota syvemmälle unitilaa, ja kohta huomaan olevani hereillä vuoteessani, josta voin nousta ylös, ja lähteä vaikka yölliselle kävelylle tai tekemään tilit selväksi vihamieheni kanssa. Tässä maailmassa kaikki on mahdollista. Ei, lähden sittenkin lentoon ja leijun aistikkaasti ulos avoimesta ikkunasta ja otan kaukoihastukseni mukaan lennolle.

En sittenkään vielä, sillä nyt ei saa hätäillä. Olenko unessa vai valveilla? Pakko tehdä todellisuustesti. Katson kelloani. Katson kelloani uudestaan, ja molemmilla kerroilla viisarit olivat aivan eri asennossa. Vielä voisin kokeilla valojen päälle lyöntiä. Katkaisija ei toimi, kuten olen tottunut sen toimivan. Olen unessa ja maailma on taas tänä yönä vain ja ainoastaan minun.

Olen illalla nukkumaan mennessä asettanut kellon herättämään aamuyöstä, jolloin REM-univaihe on pisimmillään. Kelloni soikin jo ja herään siihen. Ratkon hetken aikaa Sudokua, vaikka en ole erityisenkään taitava niissä. Saan melkein täyteen vaikeaksi luokitellun Sudokun, jonka jälkeen rentoutan itseni takaisin pehkuihin. Taas onnistuin: Huomaan olevani oppilaitoksellani ja pimeydestä päätellen on jo hyvin myöhä. On yömyöhä.

Oppilaitoksella ei ole ketään muita. Käyn asentamassa Linux-luokkaan harmittoman ambulanssiviruksen, ja käyn kuittaamassa samaan syssyyn kirjaston tietokoneelta rästimaksuni myöhästyneistä lainoista. Tai oikeastaan mistä lainoista? Poistan koneelta koko lainaushistoriani. Koulun kirjastossa minulla ei ole enää historiaa. Käyn vielä tarkistamassa miesten huoneen, jossa ollessani koulun naissiivooja tulee jynssäämään paikkoja. Hänellä on työasusta poiketen sisäkköasu päällä. Olemme tilassa aivan kaksin.

Poistuttuani miesten huoneesta en löydä enää

koulusta juuri mitään järkevää tekemistä, ja
lähdettyäni ulos huomaan, kuinka aamu on jo
valjennut.

Herään todellisuuteen, kun puhelimeni soi.
Kaiken lisäksi kyseessä oli vieläpä väärä
numero. Tylsää, taas joutuu odottamaan koko
päivän, että mahdollisesti kokisi jotain
vastaavaa seuraavana yönä.

"Selkounia" -taustaa

Olen harrastanut jokseenkin pitkään selkounia.
Nykyisin näen niitä usein, koska olen oppinut
harjauttamaan itseni kyseisten unien tekniikkaan.
Tämä voisi toimia myös oppaana selkounien
maailmaan.

Vaikka makusi ja aromisi on hyytävän hapan,
silti sinusta mä pidän niin.
Saanen hedelmämehullasi huultani kostuttaa.
Vaikka väriltään oletkin sävyltään
vaaleankelta, olen blondeihin ennenkin
tottunut,
et ole raaka vaan ikäiselleni sopivan kypsä,
Saanen hedelmälihaasi maistaa oi Lady Citrus.

Lady, Puuma Lady Citrus,
värisi ja aromisi kaikki ken tuntee,
Jos vielä kerran me tavataan, niin pannaan
tuulemaan.

Eksotiikka sinusta kaukana ei oo,
eikä pitkää reissua ees tartte tehdä,
kun sun luokses taasen mä pääsen,
jos vain sen sallit, niin pannaan tuulemaan.

Lady, Puuma Lady Citrus,
värisi ja aromisi kaikki ken tuntee,
Jos vielä kerran me tavataan, niin pannaan
tuulemaan.

Pidän suunnattomasti Pink Floydin alkuaikojen musiikista, ja eräs esikuvistani Syd Barrett on julkaissut muistaakseni kappaleen "Baby Lemonade". Tämä teksti syntyi, kun mediassa oli kova kiehunta puumanaisista.

"Lady Citrus" –taustaa
Pidän suunnattomasti Pink Floydin alkuaikojen musiikista, ja eräs esikuvistani Syd Barrett on julkaissut muistaakseni kappaleen "Baby Lemonade". Tämä teksti syntyi, kun mediassa oli kova kiehunta puumanaisista.

Kuin cola R11;pullosta pisaran kielelle tipottaisi ja sitä maistaen, näin juomayhtiö mainosti Marilynin suudelmaan verraten juomaansa. R21;Kuin Marilynin suudelmaR21;. Itse en ole sitä ikäpolvea, että olisin Marilynin lumon elänyt. Korkeintaan Juice Leskisen tuotantoon liittyvän kappaleen muodossa paljon esikuvaansa myöhemmin ja joidenkin dokumentti R11;arkistopätkien siivittämänä korkeintaan.

Enkä ymmärrä kolamainosta. Marilyn oli mustavalkoinen, ja kolan maku on rikas ja värikäs. Siinä on vissi ero. Enkä ymmärrä Marilynin lumoa ja aikakautensa ikonina oloa: Hänhän näyttäytyi totaalisesti mustavalkoisena yleisölle. Nykyajan tähdistä ja seksi R11;ikoneista saa sentään nauttia väreissä. Marilynistä puuttui myös teräväpiirto R11;ominaisuus, joskin jotkin videovelhot ovat varmastin re R11;masteroineet Marilyn R11;nauhat. Ehkä jonain päivänä tekniikka kehittyy, että Marilyn nähdään sittenkin väreissä, ja sitten kolamainoksessakin alkaa

olemaan asioita, jotka stemmaa suudelman
kanssa.

Tai sitten kolayhtiö havittelikin klassikko
R11;tunnelmaa ja pyrki viestimään
mustavalkoista glamouria juoman
markkinoimiseksi? Tämäkin on mahdollista.

Imitaatio kunniaan ja kuningas kehiin! Harva
pystyy tahkoamaan äänellään ja liikkeillään
kymmeniä miljoonia dollareita rahaa vielä
kuolemansa jälkeen, eikä loppua näy. Vai
onko Elvis sittenkään kuollut? Entä jos Elvis
kuitenkin elää vielä? Mies, lantioliike ja ääni,
siinä asioita, joista kuninkaan perikunta kiittää
melko varmasti aikaansa seuraavia
musiikkiteollisuuden järjestäytyneitä, suuria
markkinamiehiä. Rakohan löytyi lopulta
ensimmäisestä valkoihoisesta laulajasta, joka
lauloi, kuin mustat kollegat.

Siinä kohtaa, kun ihmisen äänestä saadaan
vielä nykyistä suurempi kaupallinen hyöty
puristettua irti, varmaan Elviksellä tehdään
satoja miljoonia taaloja vielä pitkään, eikä
perikunnan tarvitse tyytyä toimeentulotukeen.

Elvis, jos elät ja luet tämän, voin kiittää
kunnioittaen sinua henkilökohtaisesti: Teit
miehen pohjatyön.

60 R11;luvulla hipit oli rautaa ja harva
pestautui armeijan leipiin sen sijaan, että
paremminkin ryhtyi vastustamaan esimerkiksi
Vietnamin sotaa ja nauttimaan nurtsilla istuen
hyvästä kesäsäästä, seurasta, ja pilven poltosta
. Siitä populasta, joka pestautui armeijaan, ja
vieläpä laskuvarjojääkäreiksi, siitä joukosta
varmasti osa soitti kitaraa, mutta siitä kitaraa
soittavista laskuvarjojääkäri
R11;sotilasjoukosta nousi ainoastaan yksi Jimi
Hendrix kaikkien tietoisuuteen. Mutta se yksi
oli riittävästi, ja monen maailmaa muuttava,
myös minun.

Vaikea kuvitella, että enää tulee koskaan
nousemaan vastaavaa ikonia rock R11;
maailman huipulle, joka uudistaisi
sähkökitaran soittoa niin merkittävästi, miten
Jimi sen teki. Välilä täytyy oikein kahteen
otteeseen katsoa videolta Henkan otteita.
Lisäksi Hendrix taitaa olla tuotteliain kuollut

muusikko, mitä tulee julkaisuihin kuoleman
jälkeen. Rest in Peace, Jimi Hendrix!

Näin juuri elokuvan R21;Kovat kaveritR21;.
Elokuva on hyvää ajankuvaa 80 R11;luvusta.
Musiikkivideo 80 R11;luvulla ja Madonna ne
yhteen sopii, vaikkakaan en ole varma,
tärveltyikö lapsuuteni juuri sen takia
televisiomuistojen osalta, vai piirtyikö juuri
Madonnan musiikkivideon näkemisen jälkeen
ajankuva lapsuuden vuosikymmenestä päähäni
kuolemaani saakka juuri sellaisena, kuin sen
koen? Jos aloitin tämän tekstisarjan
Marilynillä, Madonnasta voisi käyttää 80
R11;luvun Marilyn R11;kuvausta aivan
loistavasti. Kasarimadonnan managerit taisivat
olla Elviksen kaliberia, mitä vähän
Elviksestäkin mainitsin.

Yhtä kaikki, samaa perhettä kaikki. Kuolleita
toisille, mutta kuolemattomia monelle muulle.

Olen kuullut tarinan, jonka mukaan Juice
Leskinen löi vetoa, että hän pystyy tekemään

hitin kolmen kappaleen voimin samalle
sävelelle eri sanoituksin. Juice voitti vedon,
kun syntyi Einarin polkupyörä, Tarzanin
kalsarit ja Napoleonin mopo.

Tästä syntyi itselleni idea tehdä teksti
kuolemattomasta nelikosta: Syntyi "Marilynin
suudelma", "Elviksen lauluääni", "Jimi
Hendrixin sähkökitara", sekä "Madonnan
musiikkivideo". Nämä nyt julkaisemani tekstit
eivät ole kovin runollisia, vaan paremminkin
pohjustaa laulutekstejä, jotka ovat työni alla
koskien samoja otsikoita.

Kunnianosoitukseni Juice Leskisen antamalle
idealle: Pyrin tekemään laulutekstit samalle
melodialle ehkä jossain vaiheessa elämääni.

Kesä kestää ikuisuuden ja aurinko paistaa
lähestulkoon läpi kesän. On mukavaa seurata
ikkunasta, kuinka takapihalla kolme oravaa
temmeltävät keskenään. Kerran ainoastaan
sattui olemaan takaovi siten auki, että orava
juoksi vahingossa sisään ja sitä oli vaikeaa
saada ulos. Orava ei malttanut verhojen
kiipeilyltä ulos, tai sitten se luuli lasin läpi
katsottuaan olevansa pian jo ulkona
kiivetessään verhoja pitkin yhä vain ylemmäs.

Yö on saapunut ja sudet ja muut pedot
kuulvuat ulvovan kesäyössä. Myös yksinäinen
siili on valinnut jo usean illan aikana reittinsä
rivitalo-asuntomme takapihan poikki.
Kyseisessä asunnossa asun perheeni kanssa.

Siiliä on mukava seurata iltaisin ikkunasta. Se
on melko täsmällinen joka ilta. Äiti päättää
eräänä iltana laittaa tarjolle siilille lämmintä
kulutusmaitoa. Siili pysähtyy nauttimaan
maidosta. Sillä on ilmeisesti jano.

Olenhan oppinut lukemaan jo viisivuotiaana
sen jälkeen, kun oppisin neljävuotiaana ensin
kirjaimet. Halusin oppia lukemaan sarjakuvia

ja ennen muuta Walt Disneyn Aku Ankka-
lehtiä ja taskukirjoja. Luin siilistä
luontokirjoista. Halusin tarjota lisää ravintoa
siilille, joka vieraili pihallamme säännöllisesti.

Eräänä iltana ehdotin äitille raaan jauhelihan
laittoa tarjolle siilille. Äiti suostui, ja siili
pysähtyi aterioimaan. Seuraavana iltana se toi
perheensä mukaan: Nyt siilejä olikin kolme
kappaletta.

Lopulta syksy ja talvi koitti, siili ei enää
saapunutkaan. Lisäksi näin lähistöllä
pallokentän kupeessa, kuinka joku idiootti oli
kivittänyt oravankin kuoliaaksi. Myöhemmin
kuulin tarinaa, että lähiön pahat pojat olisivat
tappaneet oravia.
Havahduin liian aikaisin aikuisten maailmaan.
Koin kivitettyjen oravien uutisen ja
siilivierailun päättymisen myötä jonkin
aikakauden olevan ohitse elämässäni.
Viattomuus ja lapsuus oli loppunut.

"Lapsuus ja sen loppu" −taustoja
Tämä on yksi uusimmista teksteistäni, jossa
muistelen haikeana lapsuuden kultaista aikaa,
jolloin asuin vielä vanhempieni luona
rivitaloasunnossa ja siili vieraili säännöllisesti

iltaisin takapihallamme. Lapsuus kului aivan liian
nopeasti näin jälkikäteen ajateltuna, vaikka kesät
tuntuivat loputtoman pitkiltä. Nykyisin vuodet
vain vierivät.

Se oli varmaan juuri se flänäpäissään joraava spurgujengi, josta Tuomari Nurmiokin lauloi Tonnin Stifloissa. Tämä siitäkin huolimatta, että rikospaikkana oli tällä kertaa Turku, ja kisapaikkana toimi kesäinen Kupittaan puisto.

Kilpailijaremmi oli hyvinkin värikästä sakkia oleva lähinnä asunnottomista ja muista laitapuolen kulkijoista koostuva sakki, Tätä porukkaa voisi hyvällä omalla tunnolla kuvata Turun katu -eliitiksi.

Remmin veteraani, Puli, avasi kauden päätöskisan ottaen syvän katseen rehvakasti muille kollegoille esiintyen aiemmin avaamaansa Koskenkorva –pullon pohjaan, jossa oli vielä jokunen senttilitra jäljellä.

”Se on pojat niin, että vielä sentään näyttäisi olevan kesää ja kautta jäljellä.”, Puli rehvakasti ilmoitti kaataen etukenossa loput kossusta kurkustansa alas.

”No tämä kesä näytti loppuvan sulta lyhyeen”, totesi Pulin kaveri todettuaan Pulilta loppuvan viinan ja avattuaan kolmosolut -tölkin.

Todellakin, näillä herrasmiehillä loppukesän
pituuskin näköjään oli suoraan verrannollinen
ja mitattavissa oleva asia suhteessa jäljellä
olevan alkoholin litramäärään.

Päivä kului lähinnä greenillä maaten ja ottaen
kylmää. Alkuillasta tuloksia lähdettiin
kirjaamaan paikalliseen ravitsemusliikkeeseen,
jossa kirjuri ilmoitti heti kättelyssä, että ei ole
mikään automaattikirjoittaja. Puli totesi, että
tiskiltä pitäisi hakea pari hanaolutta, ja kaataa
kaljaa koneeseen lisää, jonka jälkeen
vakuutteli, että kyllä parin kaljan jälkeen
automaattikirjoituskin sujuu vähän
hitaammallakin koneteholla.

Kausi myös päätettiin perinteisin menoin ja
Puli toivotti ja rohkaisi kaikkia kynnelle
kykeneviä osallistumaan ensi kaudenkin
avajaisiin ja kisoihin.

"Eliittikisat" -taustoja

Itsekin mieluiten lukeudun ja sulaudun
parhaiten laitapuolen kulkijoiden joukkoon,
joten on helpohkoa kirjoittaa kaupungin
eliitistä.

Taloustilanne ja kesän jäljiltä yksin jäämisen
ja olemisen tunne, kuin syksyn lakoon puidun
viljan. Masentaa. Miksen jo voisi kokea
nousukautta, elää taas elämäni kevättä
uudelleen ja kokea kurssien nousevan?

Syksyn jälkeen on kuitenkin elettävä ensin
talvi ja pimeys. Kaljakorin kilinä saa onneksi
yksinäisyyteni loitolle pitämään minut
hengissä yli loskan ja rännän edes hetken ajan.
Joulu on pyhistä yksi pahimmista, kun ei ole
ketään.

Kaupungin yöelämä voisi tuoda lohtua. Se on
tarkoitettu niille, joilla on rahaa ja varaa.
Minulla harvoin on. Olen opiskelija ja syön
nuudeleita, makaronia ja tonnikalaa
pääasiassa. Eikä minulla ole koskaan ollut
palkkapäivääkään.

Kuningas Kurjuus on nykyisin ystäväni
arjessa, juhlaa ja kesää riittää ainoastaan niinä
päivinä, kun juon, minkä koululta ennätän ja
kykenen. Vaikka mitään ei ole jäänyt rästiin,
se tulee olemaan myös niin: Aina toisinaan
ostan 24 yksikköä kesää elämääni kolmos-

oluen muodossa ja näen ehkä toivon rippeitä
elämästä ja maailmasta kaikkien kriisien,
omien sekä vieraiden, keskeltä. Minähän silti
elän, kunnes kuolen pois ja elo on niitetty
lopulliseen kuosiin. Sitä päivää noutaja saa
vielä odottaa, kun se minusta lienee myös
kiinni?

"Kuningas kurjuus" –taustoja

Kurjuus voi olla suloisen haikea käsite, jonka
maksimointiin en tällä tekstillä pyri, vaan
ainoastaan realismia peliin heittäen kuvailla
omaa elämääni ja tunteinani vähän toisin
sanoin. Tämä teksti syntyi tämänkaltaisten
fiilisten värittämällä ajanjaksolla.

Potilas tuotu ensiapuun pyörällä kaatumisen seurauksesta. Verestä mitattu 3,6 promillea, sekä viitteitä Antabuksen ja Topimaxin käytöstä. Parantumattoman alkoholistin pyörä on kadoksissa. Ensiapuun saavuttaessa repusta löytyi limonadipullo, johon oli sekoitettuna kirkasta.

Sairaala ei ole paha paikka. Ensiapu vielä vähemmän, vaikka sinne monet huumeveikot ja alkoholistit päätyvätkin työllistämään henkilökuntaa. Ensiavusta sentään pääsee sairaalasiirron myötä melko pian pois. Onneksi joku ystävällinen soitti ambulanssin ennen kuin sinivuokko -partio korjasi säilöön.

Sairaalassa makaaminen on paskaa ja ruoka huonoa. Lisäksi laskuahan siitä tulee perässä, vaikka siellä ei viettäisi, kuin yhden vuorokauden ensiavusta siirron jälkeen. Minkäs teet, kun viina maistui, eikä lääkkeet tehonneet mitään, vaan yllytti juomaan lisää?

"Epikriisi" -taustoja
Olen lukenut elämäni aikana yhden Epikriisin, josta en ymmärtänyt juuri mitään lääketieteellisen

termistön ansiosta. Tämä syntyi, kun olin liikenneonnettomuudessa, ja vietin reilun vuorokauden sairaalassa sen ansiosta. Omaa tyhmyyttähän se taisi olla.

Ehkä osa teksteistä olikin sinulle jo tuttuja, mikäli seuraat toimintaani Internetissä, Aukeassa ja ylipäätään. Olen Internet-ajan lapsi ja käytän somea ja Internetiä mediana luovasti ja osittain myös julkaisukanavanani. Haluan kuitenkin tällä teoksella tuoda tuotantoani myös niiden ulottuville, jotka eivät välttämättä omista tietokonetta, tai käytä nettiä kovinkaan aktiivisesti. Ehkä saan uusia seuraajia tai en saa, vähät välitän siitä. Uusia painettuja teoksia ei toistaiseksi ole luvassa. Ehkä seuraava kokoelmani näkee päivänvalon joskus, ehkä ei. En välitä siitäkään.

Minua huolestuttaa tulevaisuus, mutta pidän yhä informaatioteknologian aikakautena kirjaa ja nimenomaan painettua kirjaa yhtenä parhaista tietolähteistä. Palautettakin voin ottaa vastaan teoksestani, löydätte minut varmasti netistä, tai jos törmätään kadulla, moikataan!

Turussa 26.1.2017,

Jere Sumell